AF210006

Samaa pataa

© 2020 Anneli Kivelä – Taitto: Mira Andrejeff
Kustantaja: BoD - Books on Demand,
Helsinki, Suomi
Valmistaja: BoD - Books on Demand,
Norderstedt, Saksa
ISBN: 978-952-80-2182-7

Samaa pataa

Anneli Kivelä

Samaa pataa sisältää:

Jouluista

Mummin ja ukin joulua

Joulunajan meteorologiaa

Muisto lapsuuden jouluista

Erilainen joulukuu

Areenan joulukalenteri

Tonttujen vuoden kierto

Reklamaatio

L-C Pälkäne

Kantaa ottavaa

Musta perjantai

Black Friday

Mummodisko

Lavarunous

Kalevale

Kalavalekko

Taikauskoa

Terhokerhoon

Terhot tippuneet tuokkosiin

Terhotonttu

Eväät

Tee eväät!

Muunnelma: Lintubongarin eväät

Eväät aikojen takaa

Evästä heinäniitylle

Hyvä antaa vähistä eväistään

Eväät unohtuivat

Näkymiä

Valossa heijastaa

Ensimmäinen heijastimeni

Silmissä painetta

Anneli Kivelä 21.1.2020 Pälkäneen
Laitikkalassa

Jouluista

Mummin ja ukin joulua

Tonttu kysyy torkuksissa,

mummi onko terveenä?

Käsi sillä remontissa,

joulu ukin harteena.

Puita latoo uuninpesään,

kotitontut unessa.

Päivä himmenee pimeään,

tuli uunin haloissa.

Nyt ei mummi sukkaa kudo,

kutominen lakossa.

Sukat monet mummi kuto,

lahjoi etuajassa.

Talvipäivän seisauksena

pukki istui pulkassa.

Kahden poron vetämänä,

lumisessa Lapissa.

Mummilla on joulumieli,

tontut seuraa sohvalta.

Ulkona on nollakeli,

joulu tuoksuu kuuselta.

*Tavutin Joulupuu on rakennettu -joululaulun
ja sanoitin*

*Mummin ja ukin joulu-nimellä talvipäivän
seisauksena 22.12.2019*

13

Joulunajan meteorologiaa

Maapallo rapistumassa,

Australia tulimeressä,

eläimiä kuollut paloissa,

lämpö neljässäkympissä.

Aapona vetenä, räntänä,

päivällä nuoskalumena.

Pälkäneellä sähkökatkoina,

raskas lumi taakkana.

Näkyvyys muuttui sumuiseksi,

sade rännäksi ja vedeksi.

Lunta on meillä nimeksi,

lisä ei ole pahitteeksi.

Aattoaamuna nollalla,

kohmetta lumisohjolla.

Metsän pimentopaikoilla,

lunta myrskyltä jäljellä.

Kyllönjoki jäistä vapaana,

Pinteleelle sulakaistana.

Pellot lähes lumettomana,

Aurauslumi laikkuina.

Lahdelmat ja lampi jäässä,

paras pysytellä rannassa.

Nähtiin joutsenperhe uimassa,

Pinteleen sulakaistassa.

Joulurauhan julistusta,

nollassa ja vähälumista.

Lunta eniten Pokasta,

ei paljon puutu metristä.

Lunta satanut jouluyönä,

maisema valkaistuneena.

Mittarinäyttö plusasteena,

satanut lumi hauraana.

Tapaninpäivänaamuna

kuu syntyi taivaallisena.

Aamulla aste miinuksena,

maa hennosti valkoisena.

Hannun aamuna pakkasta,

kylmänhenki pohjoisesta.

Seitsemän näytti miinusta.

Pilkahdus pakkasauringosta.

27.12.2019

***

Muisto lapsuuden jouluista

Isän kanssa haettiin kuusta.

Kun opin käyttämään kirvestä,

jaksoin kahlata hangesta,

sain itse valita metsästä.

Saunassa kuusi sulatettiin,

aattona vasta koristeltiin.

Enolta lasipallo saatiin,

rosopintaa hypisteltiin.

Isä tupaan kuusen kantoi,

lautajalkaan sen telakoi.

Ostotähden latvaan kietoi,

steariinikynttilöitä sitoi.

Aatosta jouluun pyhänä,

pidettiin Rauhan juhlana.

Radio oli kirkkona,

isä veisasi mukana.

Muisti jouluna naapureita,

ajoi pinostaan polttopuita.

Tervehti vuodepotilaita.

Kohteli hyvin hevosta.

Tapanina lupa kyläilyyn,

sen aikaiseen ilotteluun.

Joululahjojen katseluun.

Puukelkalla lasketteluun.

Kuusi janoisena tuvassa,

vedettömänä puujalassa.

Varisti kuivia neulasia,

sukkiin tarttui piikkisiä.

Haikea kun lähti kuusi,

riisuttuna alastomaksi.

Hangelle se jätettiin,

jouluntuoja unohdettiin.

22.12.2019

***

Erilainen joulu

En valmista joulua,

se ei ole itsekehua.

Joulun annan tulla,

aion katsella taka-alalla.

Kodinhoidon ulkoistan,

tämän ensimmäisen kerran.

Emännyys on miehellä,

autan toisella kädellä.

Vasen käsi kantoliinassa.

Pahin vika olkapäässä.

Kuljen vielä puolivaloilla,

silmään tulleella harmaakaihilla.

Silmäleikkaus lykkääntyi,

uusi aika järjestyi.

Oikea leikattiin lokakuulla,

näön palautumista piti odotella.

Soittelin kahdesti sairaalaan,

miksi näkö palautuu verkkaan?

Kodinhoitaja Paavo nimeltä,

saan apua häneltä.

Kuusi viidettäkymmentä

keväällä vuotta yhteistä.

Kahlasin läpi alkuvaikeudet,

vuosikymmenet vähemmän onnelliset.

Tuomaan yönä musiikkia kivussani kuuntelin,

Yle Radio 1 tarjontaan luotin.

Joulun, Muistojen Bulevardi toi,

läpi yön joulutunnelmissa soi.

Äänitutut kuuluttajat laulut taustoittivat,

korvakuulokkeilla joulun portit avautuivat.

Tuomaan päivän aamupalana

Riisifrutti riisipuuron korvikkeena.

Yön yli ohraryynit vedessä liottaisin,

maidossa ja voissa pitkään kypsyttäisin.

Se maistuisi joulupuurona,

mutta nyt on mieheni emäntänä.

Vapaaehtoistyö joulutauolla,

enkä voi kutoa puikoilla.

Ahkerat käteni remontissa,

vasen tuettuna kantoliinassa.

Koneen näppäimistö tottelee,

kynä oikealla kirjoittelee.

Kudoin villalangasta eniten sukkia,

heikolla näöllä uhmasin kaihia.

Vintissä puikot ja lankakerät

lakisääteistä pakkolomaa pitävät.

Ompelukone ja kankaat ihmettelevät,

varmaankin osaansa tyytyvät.

Kissalla kynttilä haudalla,

liekki palaa pattereilla.

Kissavainaja muistokuvassa istuu,

usein vanha palvelija mieleen muistuu.

Joulu edesmenneiden muistot herkistää,

ikävän haavaumat alkaa verestää.

Toimme kotiin joulukuusen,

Tokmannista kotimaisen.

Aito kuusi olohuoneessa,

kunniavieras joulussa.

Joulun sanoma sydämessä,

kynttilät haudalla lyhdyssä.

Yli kuusikymmentä, vuosia matkamittarissa.

Jouluja neljäkymmentä neljä, Hämeessä.

Nuorempana siivosin joka nurkat,

valmistin itse jouluruoat.

Tämä joulu kotitöissä erilainen,

virattomana emäntänä ensimmäinen.

Joulutunnelman tuovat tontut,

omin käsin valmistetut.

Alpo ja Eero lähentelevät vanhuuttaan,

Pyry ja Tuisku uhkuvat nuoruuttaan.

Kaverukset seuraavat meidän puuhiamme,

ne ovat joulun tonttulapsiamme.

24.12.2019 tiistaina

***

Areenan Joulukalenteri

Toljanderilla vaivoja,

kehvatsun sadattelija.

Tonttulan rauhanrakentaja.

Hakemalla haaveilija,

lääkärin salarakastaja.

Työterveyshuolto Letulle,

Tonttulan omalääkärille.

Hiukset valkoiselle letille,

ja hymykuopat poskille.

Diagnoosi Toljanderille.

Viänänen murretaituri,

Toljanderin pelikaveri.

Joulupukin komissaari,

kuopiolainen duunari.

Raportoiva reportteri.

Nuhakuumetta Tonttuiloissa,

Viänänen tuuraamaan lähdössä.

Moitteen sijaa Nenäsessä,

tilasi summamutikassa.

Kurinpalautus Tonttulassa.

Evästauko halkometsässä,

Toljander sinne suksimassa.

Lettu, kelkalla perässä.

Kahdella homma hanskassa.

Nenänen töitä laistamassa.

Hilda Häkkyrän stoori.

Toljanderia rasitti.

Ei ollut simultaanitulkki,

tontulta roppu kärähti,

Hildan kuuseen suksia käski.

Rompulla Pavarotti,

Muorin muistoja palautti.

Toljanderin operetti,

vakisähkömiestä viehätti.

Alkuun sen Letulle osoitti.

Toljander sai syyt niskoilleen,

pukki ja muori hämilleen.

Nenänen tunnontuskalleen,

palautti lahjat paikalleen,

lupasi ottaa opikseen.

Toljanderin tauon keskeytti,

muori soitollaan käskytti.

Porolla saunalle kyyditti,

Viänänen ikkunaan koputti.

Muori pyyhkeet poikkeutti.

Hämminki Tonttulan tuvassa.

Hilda Häkkyrä lähdössä,

pororeki odottamassa.

Hildan tonttukoulu Kiinassa.

Tontut heippoja jättämässä.

26.12.2019

*Joulukalenterin Tonttu Toljanderista tämä
runo. Katsoin 10 jaksoa Yle Areenasta.
Rivillään 8-9 tavua.*

***

Tonttujen vuoden kierto

1.
Tonttulassa lopen uupunutta väkeä,

naapurit lapun luukulla näkevät.

Kuikittua tullut monta ikkunaa

tavan takaa vaivihkaa.

Lelut lojuivat lattioilla,

laatuaikaa viettivät tableteilla.

2.
Talvitauko ansaittua herkkua,

lakisääteisenä hipoo tonttujen touhuja.

Korvatunturilla väki viettää lokoisia

keskitalven pekkasia.

Kertynyt vapaita kalenteriin,

kollegat vedonneet kiireisiin.

3.

Kevätpäivä pidentynyt huimasti,

aamusta ja illasta kummasti.

Lintujen sirkutus herättää,

tonttuja moinen haukotuttaa.

Oravalla turkissa harmaata,

ahmimalla syö kävyistä siementä.

4.

Auringolla kiirettä pitää,

hieroo pilven kanssa kiistaa.

Yöllinen pakkanen jäätää,

sen minkä aurinko sulattaa.

Keväinen hanki aamuisin kantaa,

monet jäljet yölliset kulkijat jättää.

5.

Pikkukesän ilmoja tarkkaillaan,

onko suvi mallillaan.

Luonto kumppani tontuille,

ei olisi tilaa roskille.

Metsät maapallon hiilinieluja,

meille mäntyjä, koivuja, kotoisia kuusia.

6.

Lähteen vesi peilaa,

pitkän parran kuvan heijastaa.

Kulkija jatkaa matkaa,

selkää hieman aristaa.

Kuulee käen kukuntaa,

linnut jatkaa pesintää.

7.

Hiki tontun harteilla,

lakki roikkuu otsalla.

Mustikoita suuhun kerää,

oravaperhe vasta herää.

Tonttuvaari jatkaa marjamatkaa,

parta varvikossa laahaa.

8.

Viljapelto kultaisena huojuu,

tontun polku paljastuu.

Hiippalakin kiire alkaa,

riihelle se suunnistaa.

Oven salpa säpissä,

tonttua ei tarvita riihessä.

9.

Jouluun aikaa tovin,

kiire ei vielä kovin.

Risuja tonttu raahaa taakassa,

tulivalkealoimuun hakemassa.

Pankolla lokoisa nukkua,

uneksia nuoruuden syksyjä.

10.

Sanotaan, ettei kiireen kierää,

lienee himpun verran perää?

Ikää kertynyt mittariin,

rinnastaa itsensä eläkevaariin.

Takana ruuhkavuodet,

harmilliset lahjahuolet.

11.

Marras kylmän kalseaa,

luonto tekee talvea.

klapu toisensa perään,

pukattu uunin pesään.

Takassa kylki lämmin,

ehtoo rientää huolettomammin.

12.

Tonttuvaari kiireet ulkoisti,

vaikka jalka nousee norjasti.

Tarkkailee joulun valmisteluja,

alenevan polven aikailuja.

Joulu ajallaan rientää,

vuosi vanhan vanhentaa.

27.3.2019, 12 kuukautta

*Runoni julkaistu Pälkäneen Joulu-lehdessä
2019*

***

Reklamaatio

Jalmari jänis

jakoi junioreille

Jobinpostia.

Joulujuhla jätetään

jämptisti juhlimatta.

Osku oravan

ohella osakunnan

opistolaiset

opettajineen oli

opetelleet ohjelman.

Utopiaako

uskomaton uutinen,

uikutti uuhi.

Umpumähkään uskokaa

uudistuksiin uumoillen.

Lammas läävästä

lohkaisi legendana,

laamapaidassa

loruiltu lööperiä.

Laulukuoro lakossa.

Ulkokullattu

uneksimassa uutta

uraa uurtavaa,

urbaania uutuutta.

Ukaasi unohtakaa.

Pian puulaaki

paikalla puuhaamassa.

Patrioottinen

Pena-pappa pillastui

perinteen perumista.

Esteettömyyttä

ensiksi ehdotettiin.

Ekotekoja,

esiliina edessä

ensi-iltaan ehdittiin.

Reklamaatio:

Rasistien rutinaa.

Rekvisiitaksi

ripustakaa risuja.

Reumatismi runtelee.

Uskon uusintaan,

unohdan umpumähkään

ulkomuistista

uppiniskaisuuttani

urbaanilegendamme.

Tolkku touhuille.

Tontut teeskentelevät

tietämätöntä.

Tunturilla touhutaan,

tarkkaillaan tilannetta.

Tuumaustaukoja.

Tontusta turhauttavaa

toimettomuudet.

Tarjolla tortilloja

tasatunnein tuvassa.

Ulkoläksynä

unohtakaa uhkaukset.

Umpihangessa

uskaliaat uhoaa.

Utopisti uneksii.

18.11.2019 tankana

Alkukirjaimista: JOULU PERUTTU

***

L-C Pälkäne

Joulutorilla

seurakuntatalolla

joulukuisena

pimeänä päivänä

Pälkäneen Onkkaalassa.

Ruuhkaa torilla.

Järjestyksen hoitivat

leijonamiehet.

Puuroa tarjosivat

Soroptimisti naiset.

Leijonamiehet

keittäneet sinappia

ja nikkaroineet

puunkantotelineitä.

Heiltä kuumaa glögiä.

Myyntituloilla,

Joulutorin tuotoilla

sydämellistä

apua ojentavat

valittuihin kohteisiin.

Virkapuvuissa

pienemmistä isompiin,

partiolaiset

itse talkoohengessä

kassaansa kartuttivat.

Myyntiä varten

pöydille asetteli

käden taitajat.

Joulun tavarataivas,

tarjolla ostajille.

Joulupukkikin

kävi tervehtimässä

toriväkeä.

Suostui kuvattavaksi.

Risukimppu kepissä.

Lattia täyttyi

sisällä lämpimässä

kiertelijöistä.

Lahjojen ostajista,

idea kaappareista.

Ahkerat sormet

kutoneet ja työstäneet,

askarrelleetkin.

Virkanneet ja värkänneet,

sukiksi ja tumpuiksi.

Joulukoristeet,

ajan henkeen sopivat

silmänruokana.

Jouluherkkupöytien

välissä ja vieressä.

Myyntipöydällä

viime kesän hunajaa,

kovaa keltaista.

Ostin kaksi purkkia.

Teenjuojan herkkuhetkeen.

Itse ammattilainen

karstannut ja kehrännyt

lampaanvillasta

huovutustekniikalla,

opettajan taidolla.

Eteistilassa

rekillinen vaatteita.

Uunituoreita,

kesän sato purkissa

ja pullorivistössä.

Narut taipuneet

makramee solmustoihin.

Lasiputkista,

kultaa ja hopeisia,

pieniä himmeleitä.

Mausteiden myyjä.

Kahvipussikasseja,

korukauppias.

Seurakunnan pöydällä

jokainen arpa voitti.

Myyntikojuja

ulkotapahtumia,

joulumielellä.

Punaisessa mökissä,

taivas alla, torilla.

Auttamismieli

leijonien valttina.

Katoksen alla

puuropata tyhjeni,

monen mahaa lämmitti.

Pöydät tyhjentyi

kellon käydessä kahta.

Myyjät poistuivat.

Pälkäneen Joulutori

lauantaina hiljeni.

14.12.2019 tankana

***

Kantaa ottavaa

Musta perjantai

Adventtiaikaa,

Mustaa perjantaipäivää.

Ostoryntäys,

polkuhintaan kaupataan.

Mustat superhinnat nyt.

Lehdessä mainos.

Herätys aamuvirkut,

pysy kuulolla

rekillinen tuotteita.

B-L-A-C-K tulee.

Hinta hulinaa,

Super viikonloppua

markkinahenkeen.

Paljon merkkituotteita

ostajaansa odottaa.

Sivutolkulla

silmänruokaa tarjolla

laidasta laitaan.

Tuoteryöppyä kyllin

useassa lehdessä

19.11.2019 tankana

Lähteenä Lidl`n mainos ja Hämeen Sanomat.

***

Black Friday

Vaihtoehtona:

Älkää ostako mitään.

Perjantaipäivää

kuluttamisvimmalle.

Säästä ympäristöä.

Krääsätön päivä,

tai anna jotain muuta.

Aineeton lahja,

kirjoita ystävälle

toivoo Kiertokapula

Amerikasta

Kiitospäivän perästä

marraskuun päivä.

Neljännen torstain jälkeen,

perjantaina vietetään.

Kiertokapula

käskee katsoa kaappiin

marraskuussakin.

Kuun viimeinen perjantai.

pysäyttää kuluttajaa.

14.11.2019 tankana

Vuonna 2019 oli 29.11.tämä perjantai

***

Postilakko

Piu, pau PALTA.

Odottaa en malta.

Ei auta kuin manailla,

uutisia radiosta seurailla.

Neuvottelijat koettaneet sovitella.

Tuloksia toimittajat halusivat udella.

Osapuolet poikkeavat vain tauoilla.

Muutoin pysyttelevät pöydän ulottuvilla.

Postilaatikot täynnä tyhjää.

Jakajat ahertaneet pitkää päivää.

Nyt on aika hengähtää.

Palkkansa puolesta sähähtää.

Rikkurit ilmapiiriä myrkyttää.

Lakkovahdit reilua peliä edellyttää.

Huhuttiin kulkuaukkoa aidassa,

tehty oikopolulle summamutikassa.

Reilu lakko-oikeus Suomessa.

Postinsaajien enemmistön tukiessa.

Kaikki postit eivät vielä kulje netissä.

Sekin aika saattaa olla edessä.

Lakon ulkopuolelle rajoja vedetään.

Lääketoimitukset apteekkeihin hoidetaan.

Tukilakkoilevien toiminta hyväksytään,

kenenkään terveyttä ei sovi vaarantaa.

Valtakunnassa Vuokko sovittelee.

Toukokuussa nimipäiväänsä viettelee.

Hymyilevä Heidi luonnonkiharoineen.

Viimeinen sana jätetty luottamusnaiseen.

Kusti ei pääse polkemaan, eikä posti kulkemaan.

Ellei saada sovintoa hierottua pakettilinjaan.

Työnantajapuolen pitäisi availla pankkiholviaan.

Höllätä omia kukkaron nyörejään.

PAU ja PALTA keskenään nahistelevat.

Postin työväki palkkakuoppaa kaivavat.

Sovintoesityksille rukkaset antoivat.

Uutistenlukijat sen kaikelle kansalle
kuuluttivat.

Tukilakkoilijoiden lyhenteet uutisissa vilistää.

Kirjaimet seniorimummin silmissä siristää.

Mahtaako Korvatunturilla joulupukki lakon
jatkumista hätkähtää?

Hyvän joulun toivotukset voi netin kautta
lähettää.

19.11.2019

Postilakko 11/11- 27/11 2019

***

Oliko torilla kirppuja

Aamulla löytyi vaatteita,

vähävaraiset niitä keräsivät,

yön aikana unohtuneita.

Lumppuina löydöt myivät.

Kirput vaatteissa kortteerasi.

Torille osuva nimi.

Tämä otsikkoon vastasi,

moni kirpputorin omi.

Kirpputorin syntybisnes,

De Saint Quen, Pariisiin

Le Marche`aux Puces,

1880-luvulta näihin päiviin.

Saksan flohzirkus käännöslaina
opetti kirpuille sirkustemppuja.

***

Kirppis Suomessa

Kaksituhatluvun portilla,

heräsivät Suomen kirpputorit.

Käytetyllä tavaralla,

ostajille resurssit.

Leikattiin matonkuteiksi,

ennen kieritettiin kerille.

Ei annettu pitovaatteiksi,

kankuri kutoi kangaspuille.

Itse palvelee, myy tavaransa.

Tekniikkaa rompetorilta.

Kalastaa ostajat verkossa.

Peräkontista ja pihalta.

Kodin ylijäämätavaraa.

Tukee järjestöjen toimintaa.

26.12.2019

Luovan kirjoittamisen opettaja Mia Lempisen
opeista runon hermeneutiikka, selitystaito,
tekstin tulkinta. 1. esittelee, 2. ristiriita,
3.lopputulos.

***

Vakoilijana

Rautakaupasta

tarvitsen lyöntiniitin.

Niittaan viikatteen,

sillä niitän heinikon

Takapellon niityltä.

Veneestä puuttuu

ohutlevyankkuri.

Ankkuri köyteen,

ankkuroin sillä veneen

tuulessa ja tuiskussa.

Korotusrengas.

Pelastan itseäni

korostukselta.

Rengasmatka minuuteen

pois pinteestä pahasta.

Pusertajassa

puserruskulmaliitin.

Jengat vinossa,

säädöt siinä sentilleen.

Liitokset summittaiset.

Puutelistassa

tukiholkki henkseliin.

Rässit rähjäytyy.

Holkkiin sätkätupakka,

Kelan tuki lompsassa.

18.7.2019, tankana

Tässä runossa opettaja Mia Lempisen läksy kesätauolle 2019. Vakoile sinulle tuntemattomia esineen nimiä rautakaupasta ja kirjoita niistä:

Rautakaupasta 5 tuntematonta tuotetta: lyöntiniitti, ohutlevyankkuri, korotusrengas, puserruskulmaliitin, tukiholkki

***

Uusi vuosi 2020

Uudelle vuodelle uudistukset

yleuutisetpistefiistä,

Kelan ja verottajan terveiset

sekä hyvästit aktiivimallista.

Pääministeri Sanna puheessaan

heikompiosaisia muisti.

Ilmaston laadusta huolissaan,

valitsee sanansa tarkasti

Kolmeksikymmeneksikahdeksaksi

maapallo jaettu aikavyöhykkeiksi,

Vuoden vaihtuminen uudeksi,

tunteina kaksikymmentäkuusi.

Ensin vaihtuu Kiribatilla,

koralliatollisaaristossa,

Tyynellä Valtamerellä.

Tunnetussa Joulusaaressa.

Suomessa nimiä kerätty,

uuden vuoden raketeista.

Niillä vahinkoa aiheutettu.

Ei luovuttaisi sädetikuista.

Presidentin tervehdyksestä,

kehityksen suunta käsissämme.

Vihan kulttuuri pahasta,

tuppisuita väärin ymmärrämme.

3.1.2020

Lähteenä: Geographica (978-3-8331-4130-0),
yleuutiset.fi, Yle tv uutiset, Hämeen Sanomat.

***

Pipo

Pänttään päähäni

paperiin piirrettyä

palmikkopipon

perusplagiointia.

Protossa perikuva.

Innostun itse

improvisoimaan ihan

intohimossa,

ilmi isotöisiä

illalla istuessa.

Paneudun puuhaan.

Poikkipuoleiset puran,

poimin pudokkaat.

Pohtimalla pikemmin

puikotan palmikoihin.

Oudommat ohjeet

oletan otaksuvan.

On opittavaa,

ohjeista opettelin.

Opit omaksuttava.

6.1.2010 tankana

*Haastavan mallin oppiminen puikoilla
intohimoni.*

***

Luonnollisesti

Peseytymässä

Pesutuokio

kolmella lintusella.

Sain sen ikuistaa

piirustustaidollani,

värittää kynilläni.

Pieni lammikko

märässä maaperässä.

Pikkuvarpunen,

nuori vihervarpunen,

kellervä keltasirkku.

Lintuhavainto

ennen Milleniumia

silmiini osui.

Hellyttävä näkymä,

lintukolmikon kylpy.

Luontohavainnot

saatu luontaisetuna

pihapiiristä.

Vakivieraat ruokitaan,

autetaan talven yli.

Palvelu pelaa.

Kuusiaidassa pesät,

munat hautovat.

Luonnon pesintärauhaa,

poikasten ruokkimiseen.

Lintupiirroksen

kansiosta haeskelen,

sitä katselen.

Siinä setti lintuja,

Varpusetti ja sirkku.

29.12.2019 tankana

Lintujen maailmaan johdattaneiden, metsäteknikko, entmologi Jaakko Kankaan ja hänen vaimonsa farmaseutti Maija Kankaan muistolle.

***

Tammikuisena

Paljas pihamaa
pimeän pilvisenä
plussan puolella.
Pitäisi paukahdella
Paavalina pakkanen.

Entisaikana
ennätti ensilumi
elonkorjuuseen.
Eskimolandioita
ennen etelämpänä.

Rustaan runoja,

riimejä ripottelen,

rivi, riviltä.

Reissussa rähjääntynyt.

Rauhaa rakastavana.

Hämärän hyssy,

heti hälveni hiljaa.

Harmautta henkii.

Hiilijalanjälkenä

hehkulampun hohdetta.

Oravia on.

Oksilla oleilevat

omin oloineen.

Omenaakin ottavat,

ostoruokaa omivat.

Napapiirillä

näkynyt nietoksia.

Nallet nukkuvat.

Nautitaan näkymistä,

napistaan neutraalisti.

Elovenassa

eittämättä eniten

energioita.

Etuisaa empimistä,

epävakaa ennuste.

Nokkosperhonen

nuokkui nurkkavieruna.

Näin nyt näkymät,

narikassa nietokset,

nuivan nimellisesti.

Nokkosperhonen

horroksesta herännyt,

alkuun uninen.

On pirtissä lennellyt

ja hunajaa nauttinut.

20.1.2020 tankana

***

Klovniutta

Klovnikeikalle

Kostiakeskus
Kutsui kuuluisat klovnit
kierrätysteemaan.
Kauniit kuteet kiehtovat,
kutsuvat katselemaan.

Lasten leikeistä
lojuneita leluja.
Laatikoistakin
legoja lajiteltu,
lattialta lakaistu.

Osuva ostos,

omalle oskarille.

Oikeanlaiset

olkaimet oloasuun

oppikirjan ohella.

Väen voimalla

valitsemaan vaatteita

vaihtoviikolla.

Vinkatkaapa valkkaamaan

vastaisuuden varalle.

Nutut narikkaan,

noukitaan nostalgiaa,

nautitaan näistä.

Nivaska näyttävätä

näytelmää nonstoppina.

Ikäihmiset,

idolit ilmentävät

ihka innolla

iisisti ilmaisujaan.

ipanoista ilomme.

KLOVNI alkukirjaimista

1.3.2017 Vierailimme Pälkäneen kunnan Kostiakeskuksen kierrätyspäivässä. Kirjoitin tämän tanka-runon ja esitin siellä.

***

Päiväksi nenä

Älä punastu,

Nenäpäivää Sinulle!

Hali pulassa

tämä klovniporukka,

punaisissa nenissä.

Hämeenlinnasta,

matkan takaa tulimme

Nenäpäiväksi.

Pukeuduimme klovneiksi,

Setlementin logolla.

Nenäpäivänä

esiinnymme ryhmässä,

lantit taskussa.

Kohtaamaan koulutettu,

auttaminen mielessä.

Riemu rinnassa,

kuten sydän lämpöinen,

kauaskatseinen.

Välikädet ojentaa,

avun lähimmäiselle.

4.11.2019 tankana

Nenäpäivä 8.11.2019, Senioriklovnina olen Anna Kivi.

***

Klovnikeikalle

Keikkakalenterista lunttasin,

ulkomuistista totesin,

kun klovnitavaroita kasasin.

Hetken mietittyäni ratkaisin,

esiinnyn vaattein punaisin.

Esiintymispaikka tuttua,

muistilokeroista poimittua.

Sinne suuntaan tullut poikettua,

klovniporukassa ajettua.

Tuttuudesta on meille etua.

Klovniväen lähtiessä liikkeelle,

kimppakyyti vie perille,

kun ajoissa rientää tien varrelle.

Näin tavaksi tullut punanenille,

tyytyväisiä tälle käytännölle.

Liikkeellä mukiin menevä miehitys,

se ei ole kynnyskysymys,

eikä hetkellinen älynvälähdys.

Meillä vallitsee yhteisymmärrys,

tämä on allekirjoittaneen päivitys.

Useita vuosia on yhdessä esiinnytty.

Klovniuden hyvää viestiä viety.

Ryhmähenkeä yllä pidetty,

Ohjelmarunkoa kasaan sepitetty,

aika ajoin kokoontumisissa päivitetty.

Punanenissä on rohkeita notkeita,

ei tosin pidetä soveltuvuuskokeita.

Sirottelemme ilon hiutaleita,

emme kalistele sapeleita,

jakelemme piristysruiskeita.

14.12.2019

***

Mummodisko

Mummodisko Hämeenlinnaan rantautui

muutama pappa joukkoon ujuttautui.

Hyppysellinen ilonpilkahdusta,

hilkkusen verran auringonpaistetta.

Kannot kaskettu aikojen takaa,

manttaaliverot mennyttä aikaa.

Pankki markat euroiksi painatti,

Eurot nielee peliautomaatti.

Murunen vanhoista asioista,

jyväkapat pappien palkoista.

Oravannahkat vaihtokaupoista,

motilla on monta tarkoitusta.

Ehtoopuolella työpäivät pulkassa,

mukana ollaan näissä kinkereissä.

Kahmalokaupalla on luppoaikaa,

varastossa hippusen tarmonpuuskaa.

14.01.2020

Hämeenlinnan uimahallissa 10. maaliskuuta 2020 Mummodisko, jossa mukana: Meiju Suvas, Kanta-Hämeen muistiluotsi, Hämeen Setlementin Senioriklovnit, Hämeenlinnan Liikuntahallit Oy ja Mummodisko ry. Runoilin ennakkoon esitysaineistoa.

***

Lavarunous

Kalevale

Kehitän kirjasta koltun,

huitaisen sen harteilleni.

Wäinämöisen vyöllä vyötän,

Sepolta siihen somistukset.

Lemminkäisen virsut lainaan,

Puolukoilla poskeni punaan.

Karistan korut harteilta,

Wäinön vyön vartaloltani.

Vesakkoon viskaan viittani.

Lemmolta virsut viettelen.

Kopautan tuluskivilläni.

Liekkeihin leimahtaa loimuni.

Koivuvihtaan koristaudun.

Sivun suikaleet savustan,

sauhun silmistäni suitsen.

Kirjaimet kouraani koppaan,

kuutamolle kiivaasti kirmaan.

Kalevalan kannet kaappaan.

Kaukaa kuulen kailotusta,

Kalevalankansa koolla.

Wäinämöinen vyötä vailla,

Lieto Lemminkäinen virsuja,

Seppo Ilmarinen rahojaan.

Huudan heille, Kalevale.

8-9 tavua rivillään, 16.12.2019

Opettaja Mia Lempinen luovan kirjoittamisen tunnilla 11.12. -19 pyysi kietomaan itsensä mielikirjaan ja irtautumaan siitä.

***

Kalavalekko

Kissalammista

katiskalla kalastan

pohjoisrannalta.

Joskus tullut rapuja,

ne vapautan syvyyteen.

Kudun aikana

muutamia haukia

uinut katiskaan.

Jäistä vapautuneilta

lammin rannoilta.

Seuraan kaloja

laiturin ympäriltä

veneettömänä.

Siellä uivat vikkelään

särjet sekä ahvenet.

Vedet kylmenee

kannan rantaan katiskan,

nakkaan sen lampeen.

Kiedon narun puunrunkoon,

haukisaalista toivon.

Laitoin katiskan

uimarannan kaislikkoon,

matalaan veteen.

Lokakuun kuudestoista

kannoin kotiin katiskaa.

Pari kiloisen

kaverina isompi

JÄTTILÄISHAUKI.

Naapurille pienempi,

meille jätin isomman.

Suomut kyljestä

katiskassa irronneet,

paiskoi itseään.

Ei voinut päästää lampeen.

Miehen pyysin lahtaamaan.

Punnitsimme sen.

Kahdeksan pilkku viisi

kiloja sillä.

Iso emokalana,

olisi saanut elää.

21.12.2019 tankana

***

Taikauskoa

Jättihauessa
taikauskon siemenet.
Kalastajalle
epäonnea seuraa
perinnetiedon mukaan.

Sattumuksia:
Silmät hitaasti toipui,
sydän oireili,
tietokone rikkoontui,
kaatumisonnettomuus.

Jättihauen sain

vuonna seitsemän neljä

isäni kanssa.

verkosta marraskuussa

jään ja sulan reunalta.

Lapsuudessani

taikauskomuksista

aikuiset puhui.

Seurasivat luontoa,

tulkitsivat uniaan.

Tikan koputus

talon ikkunan pieleen.

Kotipihalla

käki tiesi kuolemaa.

Enteitä korppi raakkui.

22.12.2019 tankana

Terhokerhoon

Terhot tippuneet tuokkosiin

Tulkaa, tuokaa tuliaisina tuokkoset täynnä
Terhotarinoita.

Tunnelmoikaa tovin turhauttavatkin tarinanne.

Teille tutut tuomiset tuumailkaa turinoiksi,
tuntemattomille tutuiksi.

Turha tuhahtaa toistoista täällä tuvassa.

Tyhjentäkää tunkkaantuneetkin, teistä turhat
tuhriintuneet tuumailut tänne taskuistanne.

Tehkää tilaa toisille tuleville taruille
turisemalla tuttavapiirille.

Tuikatkaa taivaan tuuliin turhat tunnelmaan
tunkevat tempaukset turhista toistuvista
tuumista.

Tunnissa tuumaillaan, tiima toiselle
tapaamistoville.

Terhon päivänä 3.marraskuuta 2014, SPR:n
Terhokerhoon Kostiakodille.

***

Terhotonttu

Touhujanne tarkkaillaan, tömistävät
tarmokkaasti tossuillaan.

Elinat ensin ennättivät esiintyjiksi, eloisat
erinomaiset esitykset etsivät.

Rattoisasti riemuitsemme, rollaattorilta
rojahtamatta, rallattelemme rauhassa.

Hauskuutta huiskimme, hiljaa hiiskumme,
hiivimme hiipuvassa hetkessä.

Olipa osuva ongelma, osaatko osua oikeaan?

Tonttulassa touhutaan, tähtien tuiketta
tutkaillaan.

Osaat oivasti osoittaa, onko ongelmaa
olleenkaan?

Nurkissa näkee niiden nätit nutut, nurin
näyttää niistä nolla.

Tätitontut tekivät teille tänne tulleille terhotontut.

Taiomme Tonttulan tänne, tuomme teille tuulahduksen, tervehdyksen.

Uudestaan useasti uskomme urheasti, ulkona usvassa uurastavat.

Tämä runo SPR:n Terhokerho ajoilta Kostiakodille 26.11.2014

***

TERHOKERHO

Eväät

Tee eväät!

- Laita sitten voita, eikä mitään
  margariinirasvaa niihin rieskanpalasiin.
- Läskiä paksulti leikkaa siitä siankoivesta.
  Hiirten evästä, sitä juustoa älä vaivaudu
  veistämään.
- Niitä voikukantaimia on turha laittaa, en
  takuulla syö. Lentää joka lehti mäkeen.
  Kanojen munia, varsinkaan
- keitettynä, ei mahani siedä, pierettävät ....

***

Muunnelma: Lintubongarin eväät

Ihana elämäni kevät, talven jälkeen jälleen
heräät.

Reppuun otan huikopalaa, sitä haukkaan
vaivihkaa vaikka salaa.

Termarissa rooiboos teetä mulla, vilujano
saa retkellä tulla.

Harteillani vihreä on maastonvärinen
anorakki, virttynyt tuhattasku virkatakki.

Mukanani kulkee vihko, kynä ja lintukirja,
vielä kiikari, kaukoputki sekä kamera.

Näillä eväin maastoon sulaudun, ainakin
luonnolle niin uskoudun.

Toivon havaitsevani uuden muuttolinnun,
täydennän bongauspisteitä näin ollen.

***

Eväät aikojen takaa - kirjasta takakansi:

Kädessäsi oleva kirja avaa uuden maailman nälkäisille lukijoille.

Sen sivuilla matkaat keskiajan hämäläisen heimon eränkävijöiden kalamajoille, eräsijoille ja miehen metsiin Savon ja pohjoisen Keski-Suomen salomaille niine vähine eväinesi.

Palaat sieltä linnuntietä ahkio täynnä luonnonantimia.

Huomaat miten savupirttien kansa on kautta aikojen osannut etsiä eväänsä ja niillä nälkänsä karkottaa.

Kirjailija sai aikaan sisältörikkaan aineiston koottua vähistä eväistä.

Lukijaansa hän osasi evästää eräretkelle.

Ei pettuleivän muruakaan löydy hiertämässä eräretkeltä palanneen aikaansaannoksia silmäillessä.

Evästystä heinäniitylle (puhekielimäinen, murteellinen)

- Tässäkö on evväät, niinpä hyvinnii. Lähen tästä reppuselässä mänemään takamuan suoniitylle.

Piimäleiliin tartun toisella kouralla ja viitake olalla häivyn metän rintuutta pitkin.

Tule sinä perässä penskalauman kanssa, ensin keitä se hernekeetto kypsäks, elä vuan polta sitä pohjaan.

Sammuta hiillos lähtiessäs. Käske nuapurin Reetan käyvä juottamassa lehmee ja kahtomassa pihamuata.

Laita vielä se luuta ovelle, näkkööt vieraat ettei olla kotosalla.

***

Hyvä antaa vähistä eväistään (2. maailmansodan aikaan)

- Alahan poika nyt nousta! Äiti laittoi sinulle eväät reppuun.

Uunin pankolla kypsytin puolukkapuuron yön yli eilisillä hiilillä, en uskaltanut valkeeta sytyttää aamulla.

Isäsi varoitti lentokoneista, kun lomalta lähti sinne rintamalle. Lupasi käyttää seppäkoulun sinulla, jos käyt kunnialla rippikoulun. Tietysti sitten vasta kun sota loppuu, jos hän sieltä hengissä selviää.

Äiti laittoi rippikoulukortteeriin Lupsakon Nastin tekemiä piirakoita tuliaisina. Ovat ne karjalaiset kurjuuden nähneet, sen verran evästä saaneet ottaa, minkä kantaa jaksaneet evakkoon lähtiessään.

Saat ottaa isäsi polkupyörän, aja vain tasaisella tiellä, varo ettei kumit rikkoonnu.

Laitan maitohinkin vielä, kuljeta sitä pyörän sarvessa, vie ne eväät ensin kortteeriemännälle sinne kirkonkylään.

Pyörän jätät sen kortteeritalon seinustalle ja kävelet reippaasti kirkon sakastiin. Et yhtään juntturoi lähdön kanssa.

Mummusi vinoili, ettei miniällä ole omasta takaa kuin yhden pojan eväät.

Pula-aikana, jolloin kaikesta on huutava puute ja sekin vähä vielä kortilla, saan Luojaani kiittää joka leipäpalasta. Hyvä jos yhden pojan saan elätettyä kunnialla näillä eväillä.

Onnekseni tästä mäkituvasta käsin saan kantatalossa käydä työssä ruokapalkalla, isäsi on siellä jossain valtion eväissä.

Lähetän omista vähistä isällesi ja tuntemattomalle sotilaalle eväspaketin.

Kylläpäs nuo sinun kenkäsi vaatisi suutaria. Haen sinulle ne aitanorrella roikkuvat isäsi yksipohjalapikkaat. Äiti lupaa sinulle kengät ripillepääsyn kunniaksi.

Hätä keinot keksii, kyselen jalkinekuponkeja,
jos ei suutari ehdi apuun, sitten turvaudun
vähine eväineni mustaanpörssiin.

Syö äidin laittama puuro, ja lähde menemään.
Äidillä on kiire talon navettaan, me naisväki
jatketaan ruisriihen puintia lypsyn jälkeen.

Viikon loppuna pitävät kattopäretalkoot,
kuulemma kaikki työväki pidetään talon
eväissä, sinne lähdet sinäkin.

***

Eväät unohtuivat: dialogina 1970-lukua

- Viritäppä sinä Antero nuoremmuuttas valkea tuohon puron varren kivikkoon. Alkaa olla jo aika kaivella repusta eväitä, huikoo vanhaa miestä, on voimat mennyt vähiin, ei meinaa enää polttopuita jaksaa tehdä.

- Sopii tauko minullekin. Haenpa tuosta purosta vettä kahvipannuun, sen jälkeen koetan saada syttymään kuivilla kuusenkävyillä nuotion. Eno, mitä tarkoittaa käpykaartilaiset?

Anteron, enon sisaren pojan, nälkä kasvaa vanhoihin asioihin.

- Poika hyvä, ne liittyvät sota-aikaan. Niistä asioista ei uskaltaisi vieläkään isoon ääneen puhua, joudun vielä leivättömän pöydän ääreen. Eno on joutunut lähtemään metsätöihin nuorena, verrattuna sinun ikäisiin nykyään. Isäni ei ollut meitä elättämässä jatkosodan aikana, sen verran paljastan sinulle, kunpa nyt pitäisit omana tietonasi. Isäni kuului niihin miehiin, jotka saivat talvisodasta tarpeekseen. Yhteistuumin muutamat seutukunnan miehet katosivat, kun alkoi kuulua kutsu itärintamalle uudemman kerran. Heitä piti evästää salaiseen paikkaan. Kävipä niinkin, että ihmisten aitoista varastivat henkensä pitimeksi ja sillä itseään evästivät piilopaikoissaan.

Rauhan tultua sotakarkureita armahdettiin. Sodan jälkeen, kun savotat käynnistyivät, lähdin umpihankeen hiihtämään toisella kymmenellä olevana tiettömän taipaleen taakse, ainoana kaverina saha ja kirves repussa, jäinen leipä eväänä viikon varrelle? Olishan sitä leipää voinut savotan kaupasta hartsuherralta ostaa ja ostinkin. Savottaemäntä keitti hyvät ruoat, elämänluukulta sitä sai lautaskaupalla ostaa. Mutta, työtä oli tehtävä sen ruoan eteen mitä söi ja piti palkasta jäädä kotiin viemistä. Isän piiloutumista ei hyvällä katsottu rauhan tultua, siitä kärsittiin koko porukka...

Eno ehti levitellä elämänsä eväitä Anterolle ja kesken jutustelun havahtui nuotion lämmössä keitoksensa kuohahtaneen.

- Tuo kahvi kuohuu, katsopas poika tuota pannua. Onko niin päässyt käymään, että unohdin ne emännän tekemät eväät siihen kylmän komeron laudalle?

- Jaetaan eno omat evääni, neuvo sinä minua tässä metsätyössä, on alkanut kovasti kiinnostaa. Jospa vaikka lähtisin kouluttautumaan oppikoulun jälkeen tälle alalle, haluaisin tienata metsästä elämälleni eväät.

3.11.2013

Teen eväät, aiheesta muunnelmat. 30.10.2013 annetun läksyn mukaan Luovan kirjoittamisen opinnoissa. Eri kirjoitustyylejä. Työstin 5.1.2020 tähän runokirjaani

***

Näkymiä

Valossa heijastaa

Auton törmättyä pimeänhämärissä,

Arvo Lehdeltä hevonen loukkaantui ja kuoli.

Miehen selvittyä kolarista hengissä

jäi suru ja tyhjä talli.

Lehti osti ruiskuvalukoneen

kuusikymmenluvulla.

Kehitti heijastavan esineen,

joka näkyy auton valolla.

Tyhjään pilttuuseen sen sijoitti.

Hevoskärryjen perälautaan

naulattavia laattoja valmisti.

Heijastivat valossa uutuuttaan.

Lehti risti ne Talmu- nimelle.

Poliisi kiinnostui heijasteista.

Ehdotti kehittämään jalankulkijoille,

joka heijastaisi vaatteista.

Arvo Lehden lumihiutale

heijastimena heiluu edelleen.

Muistomerkki pertteliläiselle hevoselle.

ja liikenneturva jälkipolvilleen.

Tuliko Talmu hevosen nimestä?

Talmu- heijastimia kaupataan
nettimarkkinoilla.

Talmu heijastaa hevostentaivaasta.

Heijastin, halvin henkivakuutus, hihassa
heilutella.

5.1.2020

*Alkuperäinen luovankirjoittamisen läksynä
23.11.2016, lähdetietoja netistä.*

***

Ensimmäinen heijastimeni

Pielaveden kirkolta apteekista,

äiti näytti outoa tuliaistaan,

ohutta lätkää, muovista.

Parisenttiä kertaa viisi kooltaan,

taipuisa ominaisuudeltaan.

Farmaseutti oli suositellut,

silloin uutuutena myynnissä,

sen loistavan pimeässä vakuuttanut.

Sitä myytiin vain apteekissa.

Mitä lie maksanut markoissa?

Outoa pimeässä kiiluvaa

koulumatkalla ihmeteltiin.

Toppatakista narussa roikkuvaa,

silloin turhakkeena pidettiin.

Kateuttaan koulumatkalla ilkuttiin.

Isäni sai hevoskärryyn heijastavan

valkoreunaisen pyörylän,

keskustasta punaiseen vivahtavan

Naulasi sen kärryn perälautaan.

Autoja vähän siihen aikaan.

5.1.2020

Heijastin muistelut 1960-luvulta

***

Silmässä painetta

Sängyssä istuma-asennossa,

lyijykynä kädessä

kelaan viimeisimpiä tapahtumia,

silmän kaihinpoistoon sattumia.

Leikkauksissa piilee vaaranpaikat,

ennalta arvaamattomat.

Oli jo yhdestä kokemusta lokakuulta,

siitä toivuin hitaasti, säästyin kivuilta.

Leikkauspäivän aamu, keskiviikkona,

pilvisenä, lumettomana, tammikuisena.

Pilvistä tippui vettä,

haittasi matkalla näkyvyyttä.

Odotin pääsyä alkuvalmisteluun,

ennen kutsua leikkaussaliin.

Vaatimus tuolissa pysyä paikoillaan,

muutoin leikkii omalla näöllään.

Tunsin päässäni huippausta,

valo aiheutti häikäistystä.

Hoitajan kädestä pidin kiinni,

leikkauksen jälkeen kävellessäni.

Kotihoito-ohjeet kuuntelin,

miehen tukiessa autoon hiippailin.

Kotimatkalla päätäni huiputti,

huonovointi vatsassa kierrätti.

Lähes heti kotiin tultuani

aloin valittaa kivuliasta oloani.

Mies soitti takaisin sairaalaan,

sieltä ei vastasoittoa tullut ollenkaan.

Hätänumeroon 112 seuraavaksi,

heidän apunsa jäi pintapuoliseksi.

Silmässä paineen nousseen totesivat.

Mittauslaitteet heiltä puuttuivat.

Mies Mersullaan lähti Taysiin,

tuska oli kohonnut kymppiin.

Moottoriliikennetiellä turvautui kiireyteen,

syyllistyi ylinopeuteen.

Ei tarvinnut kauan valittaa tuskissaan,

Silmäpolilla ryhtyivät auttamaan.

Mittasivat 67 leikattuun silmään paineen,

silmälääkäri laittoi alentavan aineen.

Kova tuska hiljalleen vaimeni,

näkökyky aiemmin leikatustakin selkeni.

Odotimme käytävällä jatkohoitoon.

Tuli määräys jäädä yöksi tarkkailuun.

Osastolla hoito ja huolenpito olivat priimaa.

Paine silmissä näytti parempaa.

Aamuyöllä jouduin hoitajan apuun
turvautumaan,

kivun tunne antoi merkkejä itsestään.

Jatkohoidosta lääkäri kertoi suullisena,

hoitajat toivat ohjeet kirjallisena.

Palvelu oli enemmän kuin ensiluokkaista,

pelastettiin näkö leikatusta silmästä.

Puhtaus, nostelukielto ja tippapullot,

tammikuun loppupuolen ehdot.

Olen luvannut olla aloillani,

parannella samalla käsivammaani.

Painetta optikolla käyn mittauttamassa,

tuttuun Hannaan Kangasalla turvautumassa.

Paine ei saa nousta yli kahtakymmentä,

eikä pudota alle kymmentä.

18.1.2020

Runon tapahtumat 15.-16.1.2010

***

Pölyt nauravat

Roskat ilkkuvat,

kumartavat kunniaa,

pölyt pilkkaavat.

Pilvipäivää haluaa,

piileskellä siivoojaa.

Pilviverhossa

niukanlailla valoa.

Lumettomassa

tammikuista eloa,

uuden vuoden iloa.

Silmä ei ota.

Katsoo armottomasti,

ei voi lassota

roskaa edes leikisti.

Elä epäsiististi.

Silmät ja käsi

visusti remontissa,

on reportaasi.

Siivot selibaatissa,

kiellot on pääkopassa.

Aurinko armas,

meidän pölyperimä

on lajirikas.

Päivitetty näkymä,

oma päähänpinttymä.

Pohjakosketus,

lankean tässä loveen,

vilunpuistatus.

Luutut talviteloilleen,

vakuutan lämpimikseen.

Tauko paikallaan.

Pata kattilaa soimaa.

Kaiken kaikkiaan

esitän hapannaamaa,

tuuletan voitonhuumaa.

19.1.2020 tankana

Anneli Kivelä Mummiklovnina
Tuusulassa 9.11.2019

Hyvä lukijani!

Samaan pataan erilaista kotijoulua sekoitin.
Terveysasioitani kivulla maustoin.

Hippusellisen yhteiskunnallista katsantokantaa
sirotin. Sukkapuikkojani kilisytin.

Luontoa seuraavana en laittanut pyytä pataan,
havainnoista muutamia sulkia kynin.

Senioriklovniudesta värikkyyttä, pussin
pohjalta Terhokerho muistojen rippeitä löysin.

Kalevalan sivuja rapistelin ja katiskaa
ravistelin.

Elämän eväspakettia availin.

Anneli Kivelä